Francesco Canali   -   Giuseppe Coletti

La Chiesa di San Salvatore
di Campi di Norcia

Memorie storico-artistiche pubblicate
per la distruzione della Chiesa di S. Salvatore
nell'evento sismico delle 19.11 del 26
ottobre 2016

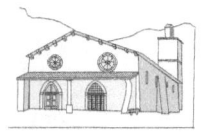

Terni
27 Ottobre MMXVI

CAMPI di NORCIA

Chiesa cimiteriale di S. SALVATORE

Comune   Preci
Provincia   Perugia
Diocesi   Spoleto Norcia

L'**Edificio**, eretto in presumibili forme preromaniche o bizantine presso la sorgente del Campiano, affluente della Nera ed eponimo della valle, consisteva in una piccola aula rettangolare voltata a botte. Già documentata nell'anno mille, nel 1115 è presente nelle possessioni della Abbazia di S.Eutizio. Nel 1328 subì danni consistenti a causa di un rovinoso sisma che interessò l'intera Valnerina. La necessaria ristrutturazione e la volontà abbaziale di abbellire la chiesa richiesero importanti lavori che durarono fino al '400 inoltrato procedendo per fasi di avanzamento sempre più ambiziose. Dopo un primo frettoloso restauro, alla fine del '300 la navata fu allungata posteriormente, innalzata la zona presbiteriale di tre gradini e costruito, addossato alla sua parete di fondo, un tabernacolo; la volta a botte sostituita con quattro volte a crociera e la facciata fu dotata di un portale in pietra. Nel secolo successivo fu aggiunta la navata destra e di conseguenza ampliata la facciata che fu anche ornata così come ci appare attualmente; fu abbellito anche l'interno con decorazioni scultoree e pittoriche ad opera di scultori lombardi e validi pittori.

Nella **facciata**, a capanna con cortina in pietra squadrata, è ben visibile la linea di sutura tra le due metà costruite in tempi diversi a causa dell'ampliamento dell'edificio. Vi si aprono due rosoni e due portali dei quali quello di sinistra è a sesto acuto con ghiera e l'Agnello Crucifero nella serraglia. Anche quello di destra, del restauro quattrocentesco, ha l'arco a sesto acuto con ghiera

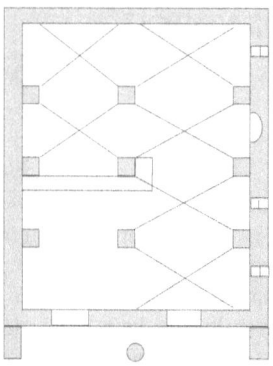

affogliata; nei piedritti è abbellito da una colonnina tortile inserita fra due spigoli e terminante in una fascia di capitelli per poi accompagnare l'ogiva dell'arco. Sotto i rosoni è stesa una pensilina sorretta lateralmente da due muri e medialmente da una colonna senza capitello. E' del sec. XVII la torre che si erge a tergo dell'edificio con in cima una semplice cella campanaria a vela.

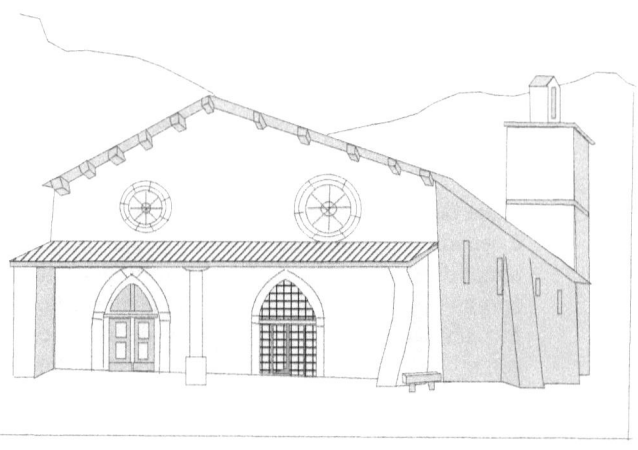

L'**interno** è a due navate. Quella di sinistra ha copertura a capriate nella parte anteriore e con due volte a crociera costolonata, interamente affrescate, nella parte posteriore; è spartita da un soppalco eretto nel '400 per un Crocifisso miracoloso e subito dopo arricchito da una iconostasi formata da 17 immagini di Apostoli e Santi più una Madonna col Bambino dipinti a fresco entro archetti lapidei cechi. Anche la navata destra ha copertura a crociera; quattro monofore sono aperte nella sua parete laterale forse di riutilizzo dalla primitiva chiesa romanica. Il pavimento, in grossi pietroni levigati, presenta difformità cromatiche e di pezzatura che rispecchiano le tre successive fasi di interventi costruttivi. Su quelle della navata destra, è inciso un disegno che si dice essere il progetto di un campanile mai realizzato.

Nota: L'altare per le Messe Gregoriane.

L'altarino posto sotto il fornice di destra del soppalco che sorregge l'iconostasi, era riservato alla celebrazione delle Messe in suffragio delle anime del purgatorio. Facevano riferimento a questa destinazione due elementi dell'arredo sacro: il dipinto che fungeva da "pala" di altare e la didascalia scritta su di un pennacchio della volticina. Il dipinto riproduceva una *Imago Pietatis* un po' al di fuori della usuale iconografia di queste immagini. Il Cristo era infatti nell'atteggiamento di *Uomo del dolore, ma* si presentava a figura intera e non di tre quarti emergente da un sarcofago aperto. In piedi su di una mensa di altare, era circondato da alcuni oggetti per la celebrazione della Messa, tra i quali un calice che, riempito dal sangue che usciva copioso dalla ferita del divino costato, lo riversava, per purificarle, sopra le anime del Purgatorio oranti presso l'altare. Sullo sfondo alcuni strumenti della Passione e la firma del pittore: DOMINICUS DE GONESSA PISSIT. Data presumibile 1464. Staccato l'affresco, poi trafugato, è tornata in vista una Madonna col Bambino affrescata nel 1416 che Domenico aveva coperta con la sua Pietà.

Già il particolare delle anime purgate dal sangue di Cristo, giustifica il nome e la destinazione dell'altare, ma ancora più esplicita è la didascalia della volticina, nella quale il pittore aveva cominciato a narrare, per poi interrompersi dopo poche righe, il fatto prodigioso che fu il presupposto della pratica devozionale delle Messe Gregoriane e delle immagini della Pietà. Il fatto è quello narrato dallo stesso Gregorio che, ricordiamo, prima di essere Papa primo di tal nome, fu benedettino, quindi santo e poi Magno per il suo grande operare. Nei suoi "Dialoghi" narra che mentre celebrava la Messa nella basilica romana di s.Croce in Gerusalemme, al momento della elevazione vide l'ostia trasformarsi in un Cristo in Pietà. A questo fatto, più o meno storico, si aggiunse la leggenda secondo la quale lo stesso Papa avrebbe formulato una preghiera per ricordare questo evento e l'avrebbe poi dotata di un certo carico d'indulgenze. Ed ancora che l'atteggiamento del Cristo della visione era come quello di una icona, in arte musiva, che decora un reliquiario custodito in s.Croce e cioè l'atteggiamento dell'Uomo del dolore (*Vir doloris*) sul sarcofago basso. Tutto ciò fece si che intorno al quindicesimo secolo questa icona diventasse il prototipo di tutta una serie di imitazioni che prolificarono nelle nostre chiese, a volte corredate dal testo della preghiera indulgenziata e da una didascalia che precisava il carico d'indulgenze, spesso applicate alle anime purganti, e il modo per lucrarle:"*in ginochione in terra (....) in presentia alla imagine (....) del nostro signore miser Ihesu Criste sotto la imagine della pietà*" come precisa un antico codicetto da bisaccia appartenuto al beato Antonio da Stroncone. Preghiera e didascalia esplicativa era ciò che il pittore leonessano si apprestava a scrivere nelle quindici righe tracciate sulla volticina della iconostasi; il motivo per cui non portò a termine l'opera è insondabile.

Nella nostra Regione, esempi di questa complessa iconografia: l'*Imago Pietatis,* la preghiera di s.Gregorio Magno e la didascalia, possiamo vederli a Montefalco, nella chiesa di s.Illuminata, dove il Cristo è affiancato dalla Maddalena e dalla Santa titolare della Chiesa; a Gubbio, in s.Francesco, dove è in solitudine e nella forma più propriamente detta *Arma Christi* essendo dipinti nel fondo numerosi strumenti della Passione e dove un cartiglio che doveva ospitare didascalia e preghiera è rimasto muto; a Montone, in s.Francesco, dove i testi sono solo parzialmente leggibili per caduta d'intonaco.

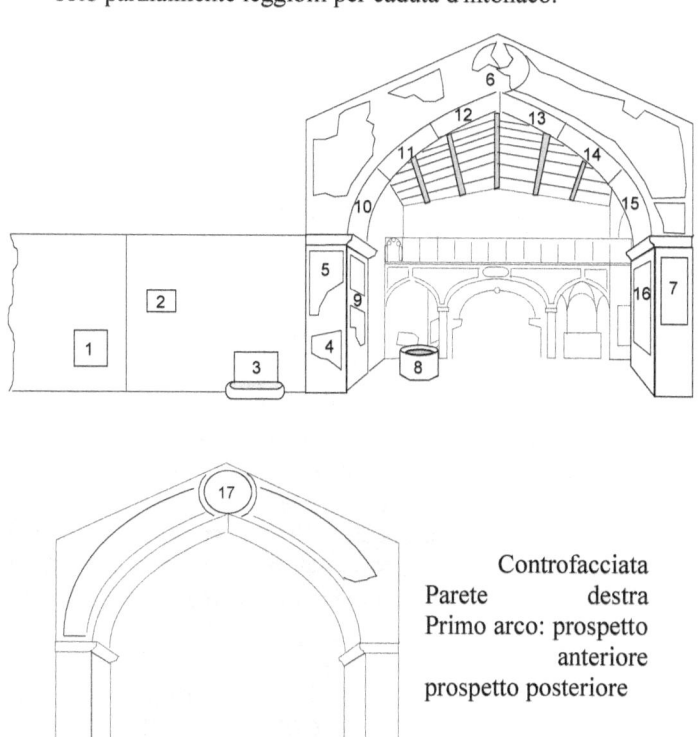

Controfacciata
Parete destra
Primo arco: prospetto anteriore
prospetto posteriore

1) Crocifissione. Fine sec.XV
2) Madonna col Bambino. Parte superiore dell'immagine molto evanescente; accanto altro frammento.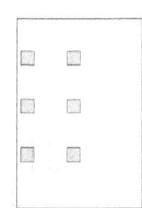
3) Cristo risorto tra due Angeli tedofori, tempera su tavola proveniente dall'eremo di s.Biagio; é appoggiata su di un sarcofago in pietra di locazione provvisoria.
4) s.Sebastiano; visibile solo il torace trafitto di frecce.
5) Santo francescano.
6) Annunciazione; nel clipeo centrale l'Eterno; ai lati Angeli oranti e Musicanti; l'Arcangelo Gabriele e la Madonna sono alle opposte estremità laterali. Manca alquanta superficie pittorica.
7) s.Lucia.
8) Fonte battesimale ad immersione, forse retaggio della primitiva chiesa preromanica e forse esempio unico in Umbria.
9) Ricordo di un fatto miracoloso. In basso un bambino giace malato; gli aghi sparsi sopra il suo letto hanno evidentemente a che fare con il suo male. Nel riquadro superiore il bambino, ormai guarito, ringrazia in ginocchio il suo Santo protettore. Nel capitello soprastante è inciso: QUISTU MURATU FECIRU FARE M° D'AGNERU DA RIUFRIDU PIOVANO DE CAMPI ET FECE CRISTOFANU MESSER CAMORLIGNU E CARITATE DELLE BON PERSONE.M CCCC LI (lezione di don Ansano Fabi)

10)Madonna col Bambino.

11) s.Biagio; nella mano destra il cardatore, suo attributo iconografico.

12)s.Sebastiano.

13) s.Amico, cistercense disboscatore, punisce il lupo che ha ucciso il suo asino conducendolo legato e caricandolo di una soma di legname come avrebbe fatto con il suo asinello.

14)s.Tommasso d'Aquino.

15)Madonna col Bambino.

16)s.Bernardino da Siena; il suo impegno nel diffondere il culto del nome di Gesù *"il Salvatore"* è ricordato nella iconografia dalla consueta cartella con il monogramma JHS: *Jesus Hominum Salvator*. (*att. agli Sparapane*)

17)Cristo Redentore tra quattro Angeli oranti.

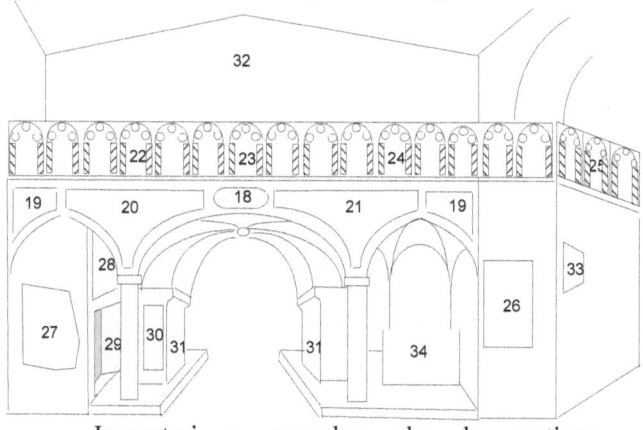

Iconostasi e soppalco che la sostiene
Altare delle Messe di s.Gregorio

Evidentemente lesionato da uno degli innumerevoli eventi sismici che hanno interessato la zona, attualmente il soppalco è sostenuto da un complesso tutore ligneo che ne affianca le colonnine e ne copia gli archi e le volticine. Come scritto a vernice in una colonnina l'iconostasi fu costruita da Andrea Balio di Norcia.

18) Le decorazioni a fresco della iconostasi e del prospetto del soppalco che la sorregge sono firmate e datate come recita questa tabella: QUISTO LAURETO A PINTO JEANI DE SPARAPANE ET ANTONIO SUOI FIGLIOLU DE NORSIA M CCCC LXIIII.

19) Annunciazione; nel cartiglio dell'arcangelo Gabriele: MARIA GRAZIA PLENA DOMINUS.

20) Compianto sul Cristo morto.

21) Apparizione del Cristo risorto alle pie Donne; nel cartiglio dell'Angelo: JESUM QUAERITIS NAZARENUM? SURREXIT SICUT DIXIT, NON EST HIC. (così legge don Ansano Fabi)

22) Prime sei figure della iconostasi; sono sicuramente identificabili soltanto gli Apostoli Andrea, con il pesce al quarto archetto e Pietro, al sesto, con le chiavi.

23) Madonna col Bambino. Sotto, incisa nel marmo della cornice, la data delle decorazioni scultoree: AND • M • CCCC • LX • III • TE • SI •

Y • • PRIS • NRI • DI • PIU • PP • II • che don Ansano Fabi, appena modificato, così risolve: ANNO DOMINI 1463 TEMPORE SANCTI JESUS CHRISTI PATRIS NOSTRI DOMINI PII PAPAE SECUNDI. (Anno del Signore Santo Gesù Cristo 1463 al tempo del nostro Padre Signore Pio II Papa ?)

24) A seguire altre otto figure della iconostasi: gli Apostoli Paolo, Giacomo Maggiore, Tommaso e Bartolomeo, due santi non identificati, poi Benedetto e Caterina da Siena.

25) I quattro dottori della chiesa ss.Girolamo, Gregorio, Agostino e presumibilmente Ambrogio di cui rimane ben poco. 1493

26) Cristo con un bambino graziato; don Asano Fabi leggeva la didascalia: A.D. 1491 MENSE OCTOBRIS ora non più esistente. (*att. Domenico da Leonessa*)

27) Una madonna in trono non più leggibile; rimane la didascalia: OPUS NICOLAI SENENSIS MENSIS NOVEMBRIS A.D. M CCCC LXVI

28) s.Giacomo Maggiore Apostolo.

29) Accesso al sottoscala del soppalco.

30) s.Bernardino da Siena.

31) Telamoni monocromi; nel capitello sopra a quello di sinistra: PER LIMOSINA E' FACTU QUISTU LAURU PER ACCATTI M CCCC LXVI.

32) La Madonna, s.Giovanni Apostolo ed Angeli. Erano ai lati di un Crocifisso su tavola di Domenico da Leonessa poi sostituito da altro scolpito su legno.

33)Affresco non leggibile.
34)Altare e Cappella delle Messe di s.Gregorio Magno. Vedi nota.
35)Madonna col Bambino: 1418 AVE O MARIA GRATIA PLENA
36)Un pellicano simbolo del Cristo Crocifisso. Parte della vela è coperta dal tutore ligneo.
37)Angelo con un martello, uno degli strumenti della Passione.
38)Qui è la didascalia che Domenico da Leonessa aveva iniziato a scrivere per precisare come lucrare l'indulgenze applicate alla preghiera di s.Gregorio che pure doveva essere trascritta: SIA NOTO E MANIFESTO AD OGNIE PERSONA COME SI TROVA NELLI SUOI SCRITTI, COMU EL NOSTRO SIGNORE JESU XRISTU APPARSE UNA FIATA IN SPECIE DI UNA BELLISSIMA PIETÀ AL BEATO GREGORIO DOCTORE MAGNIFICO SOPRA LALTARE DELLA CAPPELLA DI JERUSALEMME IN NELLA CHIESA DI SANCTA CROCE DE ROMA ALLA QUALE.(?)......il pittore qui s'interrompe lasciando mute molte altre righe già tracciate.
39)Angelo con le tenaglie, altro strumento della passione.
40)Madonna in trono col Bambino il quale trattiene in mano un piccolo volatile

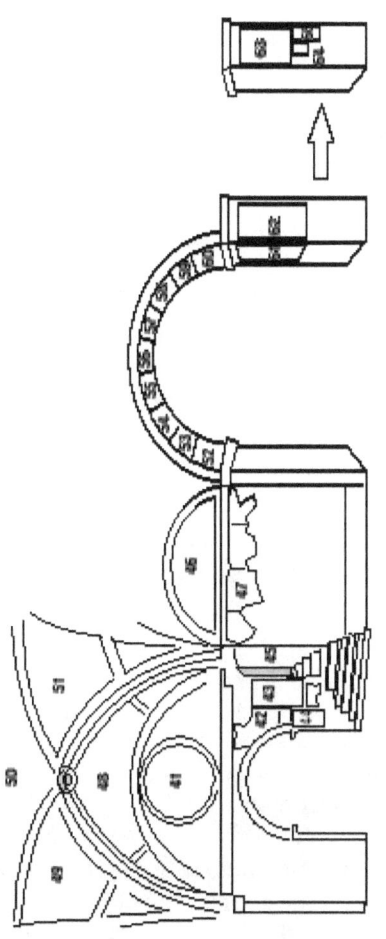

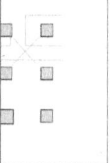

41)Nella mandorla centrale, sorretta da sei Angeli, l'incoronazione della Madonna da parte di Cristo; altri sei Angeli musicanti allietano l'evento. 1480. Nella didascalia leggiamo: QUESTA CAPPELLA E' FACTA DE LASSITU CHE CE LASSO' MACTEO DE PETRI PELLANIMA SUA ET DEPENTA ALLU TEMPU DE DON JERONIMU PIOVANU DE QUESTA ECHIESIA ET ALLU TEMPU DE PIERLONARDO GENTILE ET DE SPERANZA DE COLA SANCTISCI DE QUESTA ECHIESIA M CCCC L XXX. *(att. Antonio Sparapane)*

42)Cristo benedice due fanciulli. 1486 *(att Domenico da Leonesa).*

43)s.Sebastiano (MCC) CC XIIII *(att. Domenico da Leonessa).*

44)Crocifisso *(att. Nicola da Siena).*

45)Scalinata per l'accesso al soppalco della iconostasi.

46)Ultima cena. La disposizione degli Apostoli intorno alla mensa è indicata dai nomi sottoscritti in ciascuno di loro; da sinistra: Taddeo, Simone, Bartolomeo, Tommaso, Andrea, Pietro, Giovanni, Gesù Cristo, Giacomo Maggiore, Filippo, Gicomo Minore, Matteo e di spalle Giuda Iscariote. (*att: Antonio e/o Giovanni Sparapane).*

47)Discesa di Cristo nel limbo. Dipinto molto deteriorato, ne rimane soltanto la parte superiore. Tre colonne tortili lo dividono in quattro parti che rappresentano anche quattro differenti zone del limbo. In ciascuna di esse anime chiaramente appartenenti a categorie umane affini, si affollano intorno al Cristo che vi è disceso per redimerle; dopo la prima zona non leggibile per importante decadimento del colore, si può interpretare la seconda come quella dei Patriarchi e dei Profeti, poi quella dei progenitori Adamo ed Eva e dei semplici, presente s.Michele Arcangelo che esercitando la consueta psicostasia indica al Cristo le anime da salvare ed in fine quella dei filosofi e dei dotti.(?)   *(att. Nicolò da Siena)*

Nella volta a crociera i quattro maggiori Dottori, pro tempore, della chiesa *(att. Antonio Sparapane).*

48)s.Girolamo, con il leone da lui curato ed il copricapo da cardinale abbandonato in terra ad indicare l'umiltà con cui ha accettato e vive l'alta carica ecclesiastica.

49)s Ambrogio.

50)s.Agostino.

51)s.Gregorio Papa con la tiara e la colomba suo simbolo iconografico.

52)Madonna col Bambino. Risolta la didascalia dalle abbreviazioni e dalle mancanze possiamo leggere: M CCCC XXVIIII (q)UISTU LAURITU FE(ce) FARE TADEIU DECICCU (al) TEMPU DE DO(mi)NES MA(cte)US DE LUCA DE NU(r)SIA (pre)BANUS DE CAMPHI.

53\54\55)Tre profeti.

56)L'Agnello Crucifero.

57)Un profeta.

58)Daniele profeta.

59)Isacco.

60)David.

61)Madonna orante col Bambino in grembo 1479.

62)Madonna col Bambino Poppante. 1480.
QUESTA FEGURA A FACTU FARE MACTEO DE NUNCIU A LA DONNA SUA

63)Gesù benedice, in presenza della mamma, un bambino graziato: QUISTU MIRACULU A FACTU PER SORA SCOLASTICA IL CRISTU DANCARANO. 1473

64)s.Sebastiano.

65)Santa non identificata.

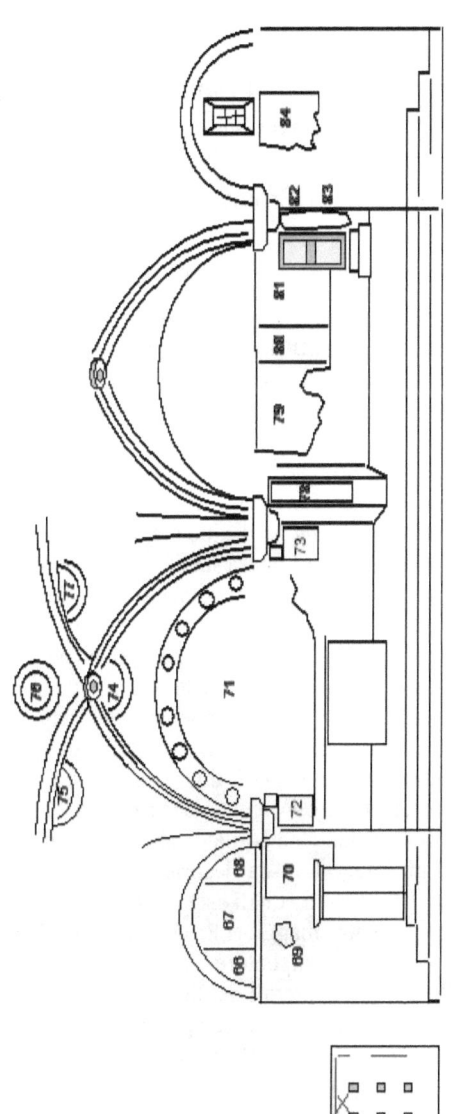

66)Una Santa che trattiene in catene una figura diabolica.

67)Madonna in trono col Bambino tra i ss.Paolo e Pietro *(att. Jacopo da Leonessa)*

68)Due personaggi oranti rivolti verso la grande scenografia della Crocifissione.

69)Piccolo resto d'immagine femminile.

70)Madonna in trono col Bambino presente un Santo vescovo non identificato.

71)Crocifissione, scuola riminese fine sec.XIV.

E' una scena molto movimentata e affollata da personaggi più o meno storici. Del tutto estranei all'evento i trombettieri; poco credibili i soldati a cavallo; improbabile, anche se usuale nella iconografia, l'atteggiamento della Maddalena abbracciata al fusto della Croce. Il soldato Longino ha il capo già nimbato quasi una sorta di prolessi per la sua futura santità. Poi il gruppo della *pie donne* che sorreggono la Madonna affranta dal dolore; dietro, il gruppo dei sacerdoti del Sinedrio e quello dei piccoli committenti. Al centro un gruppo di personaggi sembra si "giochi" ai dati le sante vesti. Finalmente i crocifissi; i due ladroni colti nel momento del trapasso con l'anima di quello di destra trascinata sul dorso di un essere infernale nel regno dei dannati. Il Cristo, a braccia distese e circondato da quattro Angeli raccogli sangue, domina centralmente la scena. Una cornice contorna il dipinto e vi sono accollati, intervallati da decorazioni fitomorfe, otto clipei quadrilobati dai quali si affacciano i quattro Evangelisti e i quattro maggiori Profeti con cartigli; per la distanza e per cadute di colore questi sono di difficile lettura. Alle estremità laterali del dipinto ed esternamente ad esso, i Benedettini, che al tempo tenevano la chiesa, fecero dipingere i loro Santi protettori: s.Benedetto e s.Scolastica

72)s.Benedetto quasi scomparso.

73)s.Scolastica.

La decorazione pittorica di questa seconda crociera è attribuita ad *Antonio Sparapane*.

74)Cristo Redentore.

75)s.Matteo Evangelista e nel pennaccio della vela altro Santo.

76)s.Giovanni Evangelista. Nei pennacchi della vela s.Andrea ed altro Santo.

77)s.Luca Evangelista ed altro Santo.

78)s.Sebastiano.

79)Natività.

80)Cristo Redentore.

81)Madonna in trono col Bambino assistiti da due Angeli.

82)Madonna col Bambino.

83)Figura evanescente di un Santa.

84)Crocifissione. Manca del tutto la parte inferiore del dipinto per cui l'identificazione dei tre personaggi presenti è solo ipotizzabile: la Madonna, s.Giovanni Evangelista e s.Francesco di Assisi.

Nicchione della parete destra: Storie della Madonna.

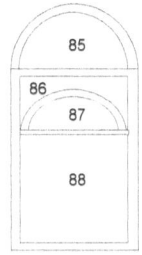

L'autore, che si firma JACO nella tabella della candelabra sinistra a livello della Annunciazione, dopo una prima identificazione con Jacopo Siculo, è stato riconosciuto essere Giacomo di Giovannofrio di Giacomo da Norcia. Il documento, che lo attesta in modo definitivo, è la quietanza di venti fiorini ricevuti per la sua prestazione artistica. E' datata 23 ottobre 1505.

85)Cristo incorona la Madonna presenti due Angeli musicanti.

86)Annunciazione.

87)Adorazione dei pastori.

88)Madonna in trono col Bambino tra gli Apostoli s.Giovanni Evangelista e s.Pietro.

Si ringrazia Silvio Sorcini per la foto di copertina.

TERNI
27 Ottobre 2016

www.ingramcontent.com/pod-product-compliance
Lightning Source LLC
Chambersburg PA
CBHW021417170526
45164CB00002B/693